Friedhelm Müller • Heinz Pfeiffer

MITTELHESSEN

in den 60er Jahren

Lebensgefühl einer Generation

Wartberg Verlag

Wir bedanken uns bei folgenden Zeitungen:

Wetzlarer Neue Zeitung
Weilburger Tageblatt
Nassauer Tageblatt
Solms Braunfelder
Haigerer Zeitung
Herborner Tageblatt
Biebertal-Wettenberger
Hinterländer Anzeiger
Marburger Neue Zeitung
Dill Post
Herborner Echo
Dill-Zeitung
Haigerer Kurier

Dank gilt den Leserinnen und Lesern, die die Fotos für dieses Buch zur Verfügung stellten:

Vera Messerschmidt, Ursula Meinhardt, Heinz Schäfer, Helmut Dönges, Kurt Bauer, Wilfried Best, Marga Busch, Günter Schamp, Alfred Benner, Lothar Friedrich, Diethelm Schmidt, Doris Dietrich, Erhard Braun, Josef König, Irmgard Hofmann, Inge Mensinger, Renate Weller, Heinz Blitschen, Dieter Hofmann, Heini Hof, Josef Rubener, Emil Enge, Rosemarie Gebauer, Renate Marten, Harald Kunz, Anneliese Reichel, Brunhilde Geil, Ingeborg Fleischer, Hans Kempf, Wilfried Müller, Peter Turczak, Willi Boegel, Christa Fehse, Rainer Georgi, Klaus Dieter Engl, Mechthild Grumbach, Irene Eichert, Susanne Krieger, Siegfried Holler, Heidi Scheiter, Hermann Richel, Irmgard Voss, Hedwig Bautz, Dieter Zöllner.

1. Auflage 2001

Druck: Thiele & Schwarz, Kassel
Buchbinderische Verarbeitung: Büge, Celle

34281 Gudensberg-Gleichen, Im Wiesental 1
Tel.: 0 56 03/9 30 50 • www.wartberg-verlag.de
ISBN 3-8313-1192-7

VORWORT

Im ersten Bildband „Kindheit in Mittelhessen in den 50er Jahren“ haben wir Ihnen, verehrte Leserin und verehrter Leser, alte Fotografien zu den Themen „Auf dem Lande, auf dem Bauernhof“, „Alltag, Baden, Spielen, Spielzeug, Familie, Ausflüge, Feiertage und Freunde“ bis hin zu „Kindergarten und Schule“ vorgestellt. Nun liegt der zweite Band vor Ihnen, der unter dem Leitthema „Mittelhessen in den 60er Jahren“ steht. Auch dieser Band entstand unter der Mitwirkung vieler Leserinnen und Leser aus dem mittelhessischen Raum, die uns mehrere hundert Fotos aus den 60er Jahren nach dem Aufruf in ihrer Heimatzeitung zugesandt haben. Aus den Einsendungen haben wir die schönsten und interessantesten Bilder ausgewählt. Wenngleich – so viel vorweg: So wild wie in den Städten waren die 60er auf dem Dorf offensichtlich nicht, denn Fotos von Protestaktionen und Studentenunruhen gab es in Beilstein, Löhnberg, Hartenrod und Ehringshausen nicht …

Der neue Bildband beginnt mit Fotos aus dem Themenbereich „Landleben“, das damals in allen Dörfern unseres mittelhessischen Bereichs noch eine große Rolle spielte. So manches Foto, das damals abgelichtet wurde und in den älteren Lesern sicherlich eine bestimmte Vertrautheit weckt, gibt Einblick in die Landwirtschaft von damals, die, wie jahrhundertelang vorher, von harter Handarbeit geprägt war. Aber es wurde natürlich auch gefeiert, denn nach der Tagesarbeit setzten sich die Menschen immer wieder einmal zusammen, um sich in gemütlicher Runde zu erzählen, sie trafen sich, um gemeinsam Ausflüge zu unternehmen. Die Kinder gingen ihren Spielchen nach, ob dies nun vor der Einschulung oder danach war. „Kirmes, Feste, Umzüge“ ist ein weiterer Abschnitt des Bandes überschrieben, und hier kann man so recht die Lebensfreude der Menschen im mittelhessischen Gebiet ablesen. Fröhliches Treiben, vor allem bei Festen und den damit verbundenen Umzügen, spiegeln die Fotos dieser 60er Jahre eindrucksvoll wider. Ein weiterer Abschnitt ist überschrieben mit „Gas geben“. Hier sind es vor allem die Motorroller oder auch hin und wieder VWs gewesen, die die jüngeren Leute aus dem eigenen Dorf über Land brachten, sei es, um die Braut oder den Bräutigam kennen zu lernen, sei es, um Geschicklichkeitsfahren zu demonstrieren oder auch um schöne Landschaften außerhalb des eigenen Heimatbereichs zu erkunden. „Party-Laune“ – dieses Kapital befasst sich mit Fröhlichkeit bei Hausparties oder sonstigen Familienfestivitäten. Schließlich wird auch noch gezeigt, wie man damals seine Sonntage verbrachte, nämlich häufig mit Wanderungen, Ausflügen oder Sport, und dabei war man meistens guter Laune. Wir hoffen, dass Ihnen auch dieser Bildband ein Stück Mittelhessen vor vier Jahrzehnten vermitteln kann. Wir wünschen Ihnen viel Spaß beim Betrachten der Fotos und dem Lesen der Texte, einmal den älteren Menschen als Erinnerung an das, was sie selbst erlebt haben, und zum anderen in Richtung der jüngeren Generation, die sich so ein recht umfassendes Bild von der damaligen Zeit machen kann. Einer Zeit, die trotz der Nachkriegsprobleme gewiss auch ihre guten Seiten hatte.

Heinz Pfeiffer
Friedhelm Müller

Unser Dorf
soll schöner
werden.

Foto Seite 4: „Unser Dorf soll schöner werden“ – das war in den 60er Jahren ein großartiges Thema für die mittelhessische Region. Viele Gemeinden beteiligten sich mit Erfolg am friedlichen Wettkampf der Dörfer, wie hier die Gemeinde Biskirchen, wo am Ortseingang aus Richtung Stockhausen die beiden eifrigen Buben das Erkennungsschild aufstellten.

Foto oben: In Herbornseelbach gab es viele „Hüttenbauern“. Die Männer arbeiteten tagsüber vorwiegend in den heimischen Hütten und verrichteten nach Feierabend Arbeiten auf dem Felde. Die Äcker und Wiesen, die bestellt und bearbeitet wurden, waren klein. Auf dem Bild sind im Hintergrund die vielen kleinen Parzellen erkennbar. Die Aufnahme stammt aus dem Jahr 1963. In der Mitte sieht man das Aartal mit der Aarbrücke. Zehn Jahre später war dieses Landschaftsbild total verändert. Es gab nur noch einen einzigen Bauern, der von seinem Aussiedlerhof aus nunmehr die vielen kleinen Felder bewirtschaftete.

Foto rechts: „Peters-Genze Nettchen“ aus Allendorf an der Ulm mit ihren drei Töchtern (v. l.) Edith, Irmgard und Ilse sowie die Nachbarin Luise Rumpf geb. Neumann machen sich auf den Weg ins Feld.

Foto oben: Der pflügende Bauer Albert Droß aus Leun mit seinem braven Braunen.
Foto unten: Als es noch die Dreschmaschinen gab. Die Aufnahme entstand bei Oberlemp.

Kartoffelfeuerchen gehörte damals einfach zum Kartoffelernten. Hier wurden die Kartoffeln gleich nach dem Ausmachen geröstet und verzehrt. Die Namen der kleinen landwirtschaftlichen „Helfer“ aus Greifenthal: Ute Petry und Jürgen Feuring.

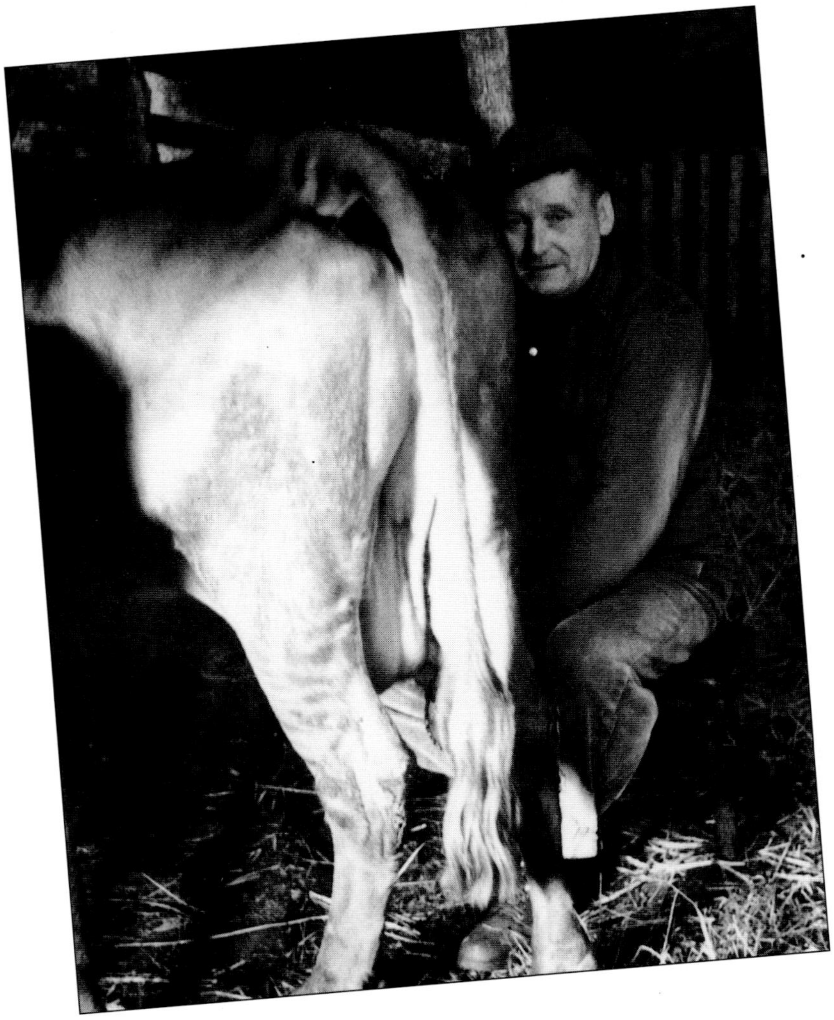

Foto oben: Hausschlachtung bei „Friedrichs" in Hohenroth. Von links: Hausmetzger Helmut Schneider, Eugen Zöller und Emma Weyel.

Foto rechts: Häufig mussten in den landwirtschaftlichen Betrieben sogar die Männer die Kühe melken, wie hier Wilhelm Biemer aus Allendorf (Ulm), der sein Handwerk aber ausgezeichnet beherrschte.

Foto Seite 9 oben: Ehemaliger Kriegsgefangener mit Familie zu Besuch im Ulmtal: von links Heinrich und Charlotte Zutt sowie die Familie Bruno Helvert aus Frankreich auf dem Hof der „Clößnersch" in Holzhausen Ende der 60er Jahre. Sohn Erwin Zutt auf dem Traktor.

Foto Seite 9 unten: Nach seiner Wahl zum Bürgermeister von Rohnstadt gratulierten Albert Möller (Zweiter von links) Ursula Lexa, Alwin Bautz, Helmut Zuth sowie August Kraus, die damals als Waldarbeiter ihrem Broterwerb nachgingen. Der frisch gebackene Gemeindechef gab einen aus.

KONSUM
OBST U. GEMÜSE
obst

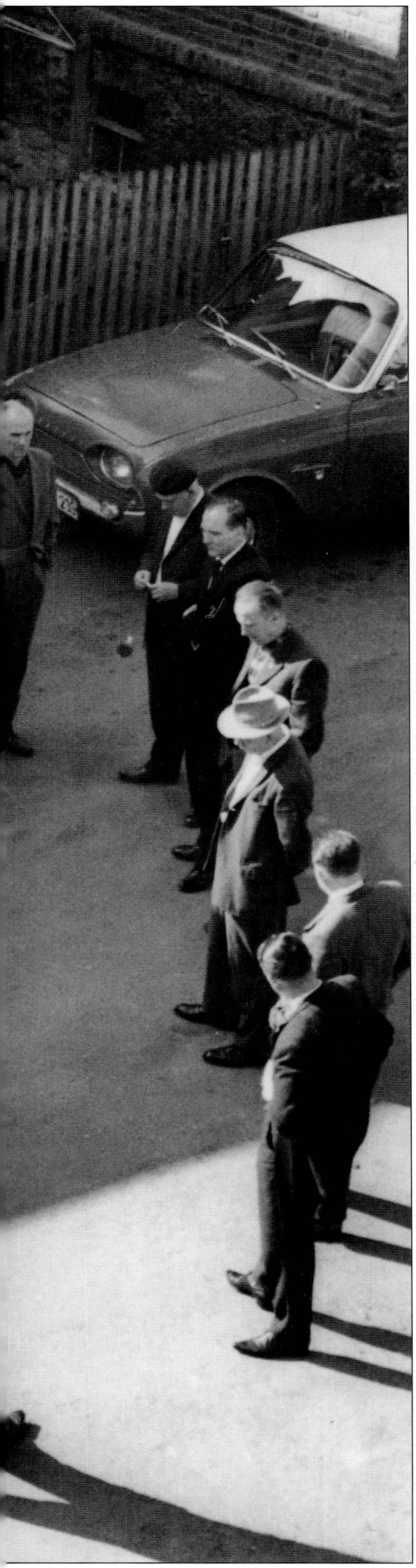

Foto links: In früherer Zeit trafen sich zumeist sonntagmorgens die männlichen Ortsbewohner auf dem Dorfplatz, um die Dorfpolitik zu diskutieren. Das war immer dann der Fall, wenn am Wochenende Gemeindevertretersitzungen waren und ganz bestimmte Beschlüsse gefasst wurden. Dem einen waren sie angenehm, den anderen nicht. Und dann ging es los mit dem Disput, der manchmal sogar recht lautstark war. Natürlich wurden hier auch „Besprechungen" über die Listenaufstellungen für die Wahlen zur Gemeindevertretung gehalten, obschon auch manche „Waschküche" als „Versammlungsraum im Kleinen" für derartige Vorhaben in Frage kam. Unser Bild entstand auf der so genannten „Prombel" in Allendorf an der Ulm, wo diese Art von Versammlungen damals infolge des recht schwachen Autoverkehrs immer wieder möglich waren.

Foto oben: Die drei Herren sind auf Vatertagstour in Rachelshausen unterwegs. Sie haben damals schön gefeiert, wie sich Hermann Michel (ganz links) erinnert. Neben ihm Harry Bastian und Wenzel Wilschek, die beide schon verstorben sind.

Hausbau der Familie Mensinger in Niederquembach. Im Mai 1961 war Beginn: Ausschachten, Kalk löschen, Beton machen und Steine abladen – alles von Hand. Man hatte wenig Geld und konnte sein Haus nicht „schlüsselfertig" hinstellen lassen. Jede Helferhand wurde gebraucht. Am 13. Oktober war Einzug und die neuen Hauseigentümer freuten sich sehr.

Ende der 60er Jahre in der Bahnhofstraße von Langenaubach bei Haiger. Samstags wurde die Straße gefegt, wie hier durch Heini Schmidt.

Grundsteinlegung für die Ulmbachtalsperre zwischen Holzhausen und Beilstein in 1964 durch den damaligen Landrat des Kreises Wetzlar, Philipp Schubert.

Foto oben: Nach ihrem Dasein als „Trümmerfrauen“ gehörten diese Damen in den 60er Jahren zu den „emanzipierten“ Frauen der Gesellschaft, denn sie gingen ohne männlichen Begleitschutz auf Tour.

Foto links: Hier feiern Freundinnen 1961 Weihnachten. Es sind dies von links: Hanne Schmidt, Anne Löding, Hanne Löding, Ute Schreiber und Bärbel Vockenberg, die damals aus dem Dillkreis in Kassel zusammengekommen waren.

Foto rechts: In der Holzhausener Gaststätte Knetsch kam in den „60ern“ sonntags der „Kreuzgass’-Club“ zusammen. Vorne von links im Uhrzeigersinn: Heinz Rotenspieler, Heinrich Rau, Emil Pfaff, Karl Droß, Ernst Christ, Heinrich Karl Droß, Ottmar Kurz, Josef Konetschny, Richard Droß, Otto Spach, Josef Schön, Emil Gelzenleuchter, Ewald Germann, Franz Köln, Walter Leidolf und Heinrich Jung.

Foto Seite 14: Schnell-Haarschnitt während einer Bau-Pause, weil eine Scheune in ein Wohnhaus umgestaltet wurde. Opa schneidet seinem Enkel Gert Voss die Haare, während der Kleine geduldig auf einer alten Schubkarre sitzt und mit einer Fliegenklatsche spielt.
Foto oben: Die neu gestaltete Ortsdurchfahrt von Bissenberg wird durch den damaligen Landrat Dr. Werner Best (Landkreis Wetzlar) ihrer Bestimmung übergeben. Das halbe Dorf war auf den Beinen und freute sich über die gelungene Baumaßnahme. Links neben Dr. Best Baudirektor Hans Zutt.
Foto unten: Das Bild entstand während eines Betriebsausflugs der Firma Buderus, Ewersbach. Damals wurde noch mit der Dampflok zum Ziel in Süddeutschland gefahren.

Foto oben: In den 60er Jahren gab es noch überall die so genannten Tante-Emma-Läden, die gewiss auch ihre guten Seiten hatten. Hier ein Geschäft mit einer sicherlich für die damalige Zeit schon beachtenswerten Auswahl an Lebensmitteln.

Foto rechts: Das Holen von Osterwasser am Ostersonntag in der Frühe war ein gern gepflegter Brauch, weil man dem Wasser heilende Kräfte zusprach. Hier Anna Michel, die einstmalige Besitzerin der „Obermühle“ in Holzhausen am Hünstein beim Schöpfen des klaren Wassers.

Foto unten: Die Niedershäuser Akkordeongruppe unter der Leitung von Friedel Höhler bei einem Konzert. Das sich zumeist aus Schülerinnen und Schülern zusammensetzende Ensemble trat häufig öffentlich bei entsprechenden Anlässen auf und erhielt für seine Darbietungen immer wieder reichen Beifall.

Foto oben: Die 60er Jahre waren auch die Epoche der Eigenarbeit, sei es zu Hause am eigenen Wohnhaus oder auch für die Vereine, denen man sich verbunden fühlte. Damals hatte jedermann noch mehr Zeit, um für die Allgemeinheit etwas zu tun. Unser Bild entstand beim Bau des Leuner Wackenbach-Stadions, wo sich fleißige Helfer, meist aktive Fußballer, eingefunden hatten, um Hand anzulegen und um so die Baukosten zu dämpfen. Ganz links der damalige Vorsitzende der Turngemeinde Leun, Waldemar Becker, und neben ihm der heutige Vorstandssprecher der Volksbank Wetzlar-Weilburg, Hans-Jürgen Simon.

Foto rechts oben: Zu Beginn der 60er Jahre waren Fernseher in deutschen Wohnzimmern noch eine Rarität. Die Familie König in Neustadt im Kreis Marburg leistete sich zum Weihnachtsfest 1961 ihren ersten Fernseher und stellte ihn gleich im Wohnzimmer auf. An der neuen Errungenschaft des Hauses: das Familienoberhaupt.
Foto rechts unten: Heiligabend in Tringenstein im Jahr 1963. Hintere Reihe von links: Hermann Georg, Hildegard Georg, Irene Milde, Margret Thamer. Vorne von links: Sigrid Georg, Peter Georg, Heidi Scheiter und Oma Therese Georg.

Foto oben: Wie sich Geschwister gleichen können, wird auf diesem Foto besonders augenfällig. Hinten von links: Herbert Scheiter, Inge Schneider geb. Scheiter, Gerhard Scheiter. Vorne von links: Horst Scheiter und Ulrich Scheiter. Sie stammen alle aus Nanzenbach.

Foto links: 1965 in Medenbach fotografiert, als noch viel mehr Schnee fiel, als dies in späteren Jahren der Fall war.

Seite 21 oben: Korb-Kinderwagen mit 1962 moderner Klappe am Fußteil. Die Zudecke wurde von der Mutter gehäkelt. Hier fühlte sich die kleine Heidi Georg aus Tringenstein trotz kritischem Blick so richtig wohl.

Seite 21 unten: Die „Kettcar-Rennfahrer“ aus Herbornseelbach waren (von links): Johannes Kruppa, Hartmut Weinbrenner sowie Hartmut Benner.

kett-car
kett car

Foto oben: Eine Aufnahme aus dem Jahr 1963: Der Marmorbruch in Gaudernbach – „Auberg" genannt – war oft am Wochenende Ziel der Kinder und Jugendlichen. Man fuhr gerne – auch wenn es verboten war – mit den Loren, die zum Materialtransport verwendet wurden. Häufig passierte es, dass diese aus den Schienen sprangen und nicht gehoben werden konnten, so dass am Montag von den Arbeitern doppelte Arbeit geleistet werden musste.
Die Kinder sind Birgit Leinweber und Ralf Leinweber. Die einheitliche Kleidung hatte Mutter Gerti selbst genäht. Marmor aus Gaudernbach wurde vor dem Zweiten Weltkrieg sogar im „Empire State Building" in New York verarbeitet.

Foto oben: Nach der Taufe von Susanne Krieger aus Medenbach im Jahr 1961 wurde im Hof von Karl Diehl Federball gespielt. Vorne Irmtraud Moos, hinter ihr Käthe Nicodemus. Vater Oswald Nicodemus kam mit ins Bild, ebenso Bruder Walter Nicodemus.

Foto rechts: Diethelm Schmidt aus Langenaubach an seinem „Ehrentag“ in 1962. Er ist ganz stolz, dass er nun in die Schule gehen darf.

Foto oben: Einschulung in Medenbach 1967. Erste Reihe von links: Marita Zint, Manfred Menger, Jörg Weil, Sonja Faupel, Gerlinde Diehl, Martina Wagner, Marina Santini, Jochen Weiß. Hintere Reihe von links: Michael Discher, Susanne Diehl, Mathias Moos, Kai Uwe Seidel, Michael Nell, Inge Rehorn, Andreas Werner.

Foto rechts: Einschulung am 7. 4. 1964 in die Rohnstädter Volksschule. Der erste Tag in einem neuen Lebensabschnitt. Die Gefühle der „Betroffenen" kann man schon an ihren Gesichtern ablesen. Zwar durften die Mütter der neuen Schüler diese in die Schule begleiten und die anderen Schüler kannte man ja sowieso aus dem Ort vom Spielen auf der Straße. Trotzdem konnte man sich eines mulmigen Gefühls nicht erwehren.
Mit den großen Brezeln stellen sich die Erstklässler zusammen mit den älteren Schülern zum Gruppenfoto auf.
Die Einschüler waren (von links vorne) Kornelia Fischer, Heike Möller, Angela Möller, dahinter Udo Rollig, Jürgen Hainz, Wilfried Müller und Arnold Zuth.

Fotos Seite 25: Die Fotos entstanden im neuen Kindergarten von Langenaubach, der im Jahr 1961 eröffnet wurde.

Fotos oben und unten: Kindertische bei Familienfeiern anfangs der 60er Jahre im Langenaubacher Bereich.

Foto rechts: Roller- oder Dreiradfahrerinnen gab es schon vor 40 Jahren, als die heutigen Fortbewegungsmittel der Kinder ihre Vorgänger hatten. Damals war es aber weit ungefährlicher, die Straße als „Rennstrecke" zu benutzen.

Foto unten: Lothar Willi Boegel aus Weilmünster sitzend auf seinem Ballonroller in den 60er Jahren. Er wollte nicht auf dem Roller stehen. So wie es auf dem Bild aussieht, geht's aber auch anders, was ihn sehr freut!

Foto oben: Morgen- und Abendtoilette an der Küchenspüle, das war in den 60er Jahren wohl keine Seltenheit. Alte Häuser hatten noch keine Badezimmer. An der Spüle in der Küche wurde sich gewaschen, wurden die Zähne geputzt und wurde sich auch rasiert. Über der Spüle war ein Spiegel befestigt, auf dessen Ablage Zahnputzbecher und sogar der Familienkamm bereitlagen.

Seite 29 oben: „Weilburger Kirmes" – das war auch für viele Weilburger Kinder immer wieder ein Zauberwort. Hier sind sie beim Aufmarsch zum Kirmestanz zu sehen.

Seite 29 unten links: Kletterer Wolfgang Holler aus Niederscheld beim Bezwingen der Wilhelmsteine bei Hirzenhain.

Seite 29 unten rechts: Werkausstellung der Schule von Holzhausen im Ulmtal. Damals stand sogar das deutsche Segelschulschiff „Pamir" als Modell auf dem Ausstellungstisch (Mitte). Groß und Klein bewunderten die gelungenen Arbeiten, die unter der Aufsicht von Lehrer Heinrich Jung (Zweiter von rechts) gefertigt worden waren.

Foto oben: Kirmes in Oberbiel im Jahre 1964: Wer keinen Durst mehr hatte, wurde in der Schubkarre nach Hause gefahren.
Foto unten: Neue Vereine und Clubs schossen in den 60er Jahren oft wie Pilze aus dem Boden. Hier eine lustige Gesellschaft aus Allendorf an der Ulm, die sich „Biertreu“ nannte und die es heute noch gibt. Sie sorgte oftmals für Furore in der ganzen Region.

Foto oben: Ende des fröhlichen Kirmesumzugs in Niederkleen. Auf dem Traktoranhänger die Burschen und die Mädchen und sogar die Kirmeskapelle. Damals war es Tradition, dass man am Kirmesmontag prominenten Personen und Geschäftsleuten ein Ständchen brachte, für das sie sich mit einer Spende bedankten. Diese wurde dann „nass“ gemacht.

Foto links: Fastnachtsumzug der Engelbacher Burschen 1964, der vor der Gaststätte Kunert endete. Die eingesammelten Eier wurden gebacken und bei großem Durst verzehrt.

Foto oben: „Wem ess die Kirmes?" Die Stockhausener riefen darauf: „Uuser" – und feierten mehrere Tage lang.
Foto unten: 1964 feierte Leun die 300. Wiederkehr der Stadtrechteverleihung mit einem riesigen, phantasievoll zusammengestellten Festzug. Hier ein Schnappschuss aus der Leuner Hauptstraße mit dem bekannten Erkerhaus (Schweitzer/Kopp) links im Mittelgrund. Das Modell davor kam mit dem Original zusammen ins Bild.

Nauborner Kirmesburschen, die 1962 ihre Kirmesburschenschaft ins Leben riefen. Stammlokal war „Lotze-Wirtschaft", die ebenso wie die Kirmesburschenschaft nicht mehr existiert.

Festzug auf Nanzenbachs historischer Hauptstraße aus Anlass des Schützenfestes im Jahr 1963.

Fotos oben und unten: Schützenfest in Nanzenbach. Ein farbenprächtiger Festzug schlängelte sich durch die festlich geschmückte Hauptstraße, die wegen ihrer schönen Fachwerkhäuser unter Denkmalschutz gestellt wurde.

Foto oben: Festzug in Bissenberg im Jahr 1960 aus Anlass des 40-jährigen Bestehens des Turn- und Sportvereins, der in den 60er Jahren zusammen mit der Spielvereinigung Ulm-Allendorf als die „NATO" eine der besten Fußballmannschaften weit und breit stellen konnte.

Foto unten: 100 Jahre alt wurde der Biskirchener Gesangverein „Borussia-Sängergruß" in den 60er Jahren. Das war Anlass genug, um ein großes Fest zu feiern und einen prachtvollen Festzug zusammenzustellen, der hier von der Biskirchener Kinderschar angeführt wird.

Foto oben: Schützenfest in Nanzenbach. Mit viel Engagement haben die Mitglieder des Schützenvereins diese Kulisse aufgebaut. Bürgermeister Emil Horch steht am Rednerpult und entbietet dem Jubelverein die Glückwünsche der Gemeinde Nanzenbach. Links neben dem Bürgermeister das damalige Königspaar Rosel und Werner Best.

Foto oben: Kirmesumzug in Münchholzhausen. Hier ging es immer fröhlich zu.

Foto oben: Das war in den 60er Jahren, als die Burschenschaft in Schönbach die Kirmes noch selbständig ausrichtete. Heute machen das die Vereine. Ging damals das Kirmesgeschehen „schief" und nahm man zu wenig Geld ein, dann mussten die Burschen „drauflegen". Wenn eine Kirmes gut gelaufen war, dann hatte man gerade mal so 100 bis 300 Mark übrig, was damals sicherlich viel Geld war. Die Schönbacher denken noch gerne an die schöne kameradschaftliche Zeit zurück!

Foto unten: Wer weiß noch, dass König Ibn Saud von Saudi Arabien in den 60er Jahren in Weilburg weilte? Hier ist der Beweis dafür! Das Bild entstand vor dem Schlosscafé und zeigt auch, dass sich der Monarch in der barocken Residenzstadt wohlgefühlt hat.

Schon in den 60er Jahren gab es in Lenste an der Ostsee das Jugendzeltlager des Kreises Wetzlar (heute Lahn-Dill-Kreis). Zehntausende Kinder und Jugendliche haben seitdem dort ihre Ferien verbracht. Ihre Betreuer mußten sich immer etwas einfallen lassen, um die Rasselbande bei Laune zu halten, erinnert sich Vera Messerschmidt, die als Übungsleiterin mit Gruppen des Turnvereins 08 Aßlar nach Lenste fuhr. Auf dem Foto sind alle Betreuer in Verkleidung angetreten zu einem lustigen Ballspiel gegen eine Jugendmannschaft.

Hochzeit Möbus in Niedershausen vor etwa 40 Jahren.

Foto links: Der Gesangverein „Liederkranz“ Niedershausen bei einem Liedvortrag aus Anlass einer Maikundgebung in Niedershausen. Es dirigierte Friedel Höhler.

Foto rechts: Konfirmationsbild aus Merenberg mit dem damaligen Pfarrer Kahle.

Seite 40 oben: Gruppenbild der Klasse 8a des Treysaer Gymnasiums im Jahr 1968. Noch sind die Haare der Jugendlichen kurz! Doch das änderte sich dann bald.

Foto links: „Die Sprotten kommen!“, so hieß es in den fünfziger und sechziger Jahren einmal im Jahr in Weilmünster, wenn der Schülerspielmannszug „Kieler Sprotten“ auf Einladung des Spielmannszuges vom TuS Weilmünster im Marktflecken weilte.
Der erste Besuch der „Kieler Sprotten“ in Weilmünster war im Jahr 1956, dann von 1959 bis 1966 jährlich eine Woche. Der Kontakt besteht noch bis heute.
Weilmünster war immer eine Station der großen Konzert- und Lehrfahrt, die die „Sprotten“ jedes Jahr mindestens drei Wochen durch mehrere Städte im In- und Ausland machten. Aufgenommen wurden die Musiker im Alter zwischen acht und 18 Jahren immer in Gastfamilien.

Foto oben: Ein beliebtes Fortbewegungsmittel in den 60er Jahren, auch der jungen Damen, waren die Vespa-Roller. Unser Bild zeigt Mitglieder des Vespa-Clubs im Lahn-Dill-Gebiet, die sich damals hin und wieder trafen.

Foto links: „Vespa Roll" – ein Geschicklichkeitsturnier in Friedberg, anfangs der 60er Jahre.

Foto oben: Mit dem Vespa-Club auf der Fahrt nach Oberndorf.

Foto links: Diese jungen Damen waren vor vielen Jahren mit dem Vespa-Club bei einem Geschicklichkeitsturnier dabei.

Foto links: Hannelore und Hans Kempf aus Nauborn als Verlobte mit ihrer damals noch recht neuen Vespa GS 80, die heute zu den begehrtesten „Oldtimern" des Vespa-Spektrums gehört. Sie können sich noch sehr genau an ihr damaliges Ziel der Fahrt erinnern: Es war der Heisterberger Weiher. Hans Kempf fuhr übrigens mehrere Jahre mit dieser Vespa zur Arbeit nach Frankfurt und wieder heimwärts.

Foto unten: Henny Burgun aus Esch sur Alzette (Luxemburg) auf dem Motorrad ihres Mannes Remy. Damals wurde noch ohne Sturzhelm und ohne Lederklamotten gefahren. Auch später kam das Ehepaar die vielen Kilometer bis nach Ewersbach immer wieder mit dem Motorrad, um hier das Grab ihres einzigen Kindes zu besuchen, das die einheimische Familie Busch pflegte.

Foto oben: Er läuft und läuft und läuft – der VW natürlich. Erika Hermann aus Frohnhausen mit dem Nachbarskind Jörg Hofmann vor ihrem Haus in der Hauptstraße und natürlich am neuen VW, der vor etwa vier Jahrzehnten der Stolz der Familie war.

Foto unten: Lothar Willi Boegel aus Weilmünster auf einem „großen" BMW-Motorrad, das anfangs der 60er Jahre ein Traum für den jungen Mann war. Die BMW hatte Kardanantrieb. Allerdings, so verriet uns Lothar Willi Boegel, habe er später niemals ein Moped oder Motorrad gefahren.

The worried Skiffle Gamblers

Foto oben: Fasching im Jahr 1960 bei Ulla Ketter (jetzt Kahle) in Weilburg. Rechts: Ursula Meinhardt.

Foto links: Die „Worried Skiffle Gamblers" (Wetzlar) verkörperten 1965 mit Banjo, Waschbrett und Teebass den musikalischen Trend der „wilden 60er". Eine Mischung aus Folk, Gospel, Blues und Jazzstandards begeisterte damals die Zuhörer in Mittelhessen. Fetzig, fröhlich und handgemacht zogen die sechs Musiker durch die Lande. Immerhin gewannen sie damals in Hamburg die deutsche Skiffle-Meisterschaft. Sängerin Angi Domdey gründete später die Frauengruppe „Schneewittchen". Banjospieler Peter Turczak leitete bis Anfang der 90er Jahre die Lahn-River-Jazzband. Von links: Siegfried Schäfer (Bass), Sigurd Bremer (Gitarre), Angi Domdey (Gitarre und Gesang), Peter Turczak (Banjo), Gabi Schuster (Banjo), Klaus Reiter (Waschbrett).

Foto oben: Das ist keine Rauschgiftorgie, sondern eine Feuerzangenfete von 14-jährigen Gymnasiasten in den 60er Jahren. Man beachte auch die Frisuren der Jungen: Pilzköpfe, wie sie damals Mode waren.

Foto links: Hier wird in einem Partykeller gefeiert. Die Aufnahme entstand in Neustadt und der Sohn des Fotografen, Rüdiger König, sitzt für das Erinnerungsfoto vorne in der Mitte.

Foto oben: Aschermittwoch 1965 in Burgsolms in der Gaststätte Braun. Auf dem Foto die Mannschaft, die am Tag nach dem „Lumpenball" Säuberungsarbeiten erledigte und so den Wirt Erhard Braun unterstützte. Natürlich wurde nach der Arbeit auch noch ein Fass Bier getrunken. Auf dem Bild hintere Reihe (von links): Manfred Germann, Heinz Baumann, Erich Becker, Rudolf Schmidt, Ortwin Hähn, Anton Felbinger, Franz Lössl, Helmut Dreier, Gerold Aust und Karl-Heinz Regel. Vordere Reihe (von links): Willi Schmidt, Wolfgang Krause, Eckhard Scharf, Karl-Heinz Müller, Willi Tressl, Hans Hecker und Erhard Braun.

Foto oben: Zu einer privaten Faschingsfeier im Jahre 1963 trafen sich diese Mädchen des 1955er Guntersdorfer Schuljahrgangs. Von links sind dies Marianne Thielmann geb. Schimek, Doris Dietrich geb. Kupka, Hannelore Neumann geb. Gabriel und Annerose Pritschke geb. Wieth.

Foto links: Lebensfreude überall. Hier wird Silvester gefeiert, und zwar im Haus der Familie Ottmar Stadtel in Rohnstadt. Die fröhlichen Zecher/innen sind (von links im Uhrzeigersinn) Lina Stadel, Gertrud Müller, Wilfried Müller, Waltraud Müller, Margot Stadtel, Klaus Stadtel, Ottmar Stadtel, Emma Kraus, Helmut Kraus, Elli Stadtel und Irmgard Kraus.

Foto unten: Konfirmationsfeier von Inge Fuhrländer, Löhnberg, im Jahr 1964. Auf dem Bild von links: Alfred Fuhrländer, Inge Fuhrländer, Gertrud Fuhrlädner, Helge Kunz, Rolf Hild, Harald Kunz. Sitzend: Edwin Schmidt und Anni Schmidt.

Foto links: Kirmes in Nauborn im „Lotze Saal“ in der „Lotzegass“.

Foto unten: Es gibt sie nicht mehr, die „Fräuleins vom Amt“. 1964 wurde das Fernamt Dillenburg aufgelöst. Wer allerdings in den Jahren zuvor am 31. Dezember Dienst schieben musste, feierte natürlich Silvester, wie man es auf dem Bild erkennen kann.

Foto unten: 14 Simmersbacher Mädchen in einem Jugendherbergszimmer in Konstanz 1961. Auf dem Bild: Hildegard Hess, Leni Reh, Lotti Michel, Gisela Reh, Elli Eberbach, Else Klein, Hildegard Theiss, Edith Bankmann, Edeltraud Geil, Brunhilde Geil (weitere Namen sind leider nicht mehr bekannt).

Foto rechts: Freundinnen beim Singen und Musizieren. Sie trafen sich in Kassel im Jahr 1960.

Großes Foto: Kirmes in Oberndorf bei Haage Dicker im Saal. Renate Martin geb. Hofmann und Reinhold Klotz hatten den Vortanz ersteigert und drehen gerade ihre Runde.

Foto unten links: Abschlussball des Tanzkurses der Tanzschule Römer, Wetzlar. Das Bild entstand in der damaligen Wetzlarer „Erholung“ am 8. Dezember 1962.

Foto oben: So fröhlich wurde vor 40 Jahren Kindergeburtstag in Weilburg gefeiert.

Foto oben: Gladenbacher Wanderer auf großer Tour unterwegs.

Foto rechts: Nach dem Zweiten Weltkrieg wurden in Herbornseelbach die alljährlichen Grenzgänge wieder gepflegt. „Zwischen den Jahren" schritt man die alten Gemarkungsgrenzen ab. Hatte man einen markanten Grenzstein gefunden, wurde er „begossen". Das Foto entstand anfangs der 60er Jahre. In der Mitte Altbürgermeister Hans Weber mit dem uralten Grenzbuch, rechts neben ihm Dr. Robert Koch, der langjährige „Landarzt" von Seelbach. Die Grenzgänge um Herbornseelbach werden auch nach der Eingemeindung von Herbornseelbach nach Herborn seit 1987 wieder regelmäßig vom Heimat- und Geschichtsverein veranstaltet.

Foto oben: Nach einem Sportfest des Offdillner Sportvereins in den 60er Jahren: Hier wird gerade die schmackhafte Erbsensuppe ausgegeben, die sich Mitglieder und Helfer redlich verdient hatten.

„Wohlstandssymbole" der 60er Jahre waren gewiss das eigene Auto und natürlich auch die Urlaubsreise. Man fuhr damals noch nicht so in die Ferne. Auch die Rhön tat es. Auf dem Foto der damals zwölfjährige Rüdiger König aus Löhnberg-Selters.

Foto oben: Der erste Urlaub mit dem eigenen VW-Käfer am Heisterberger Weiher im Jahre 1961. Das war schon etwas Besonderes!

Foto unten: Kirmesumzug in Ahausen im Jahr 1961. Dabei sind Rudi Michel, Edgar Ochs, Helmut Stroh, Heinz Blitschen, Hermann Engel, Manfred Wahl, Otto Sturm, Richard Grün, Bruno Michel, Günter Michel, Karl Föhner und Walter Humm.

Foto oben: Eine schöne Erinnerung war und ist für die Beteiligten aus Dillenburg dieser Ausflug in das Nanzenbachtal. Sie waren gerade erst konfirmiert worden. Von links: Alfred Groth, Werner Christmann, Waltraud Conrad, Renate Wissenbach, Marli Stempel, Herta Stempel, Brigitte Ehri, Wilhelm Schnautz, Sepp Hüter, Manfred Wissenbach, Horst Wissenbach.

Foto links: Zehn herrliche Urlaubstage verbrachte diese Niederquembacher Familie 1969 am Lahnufer bei Weilburg. Geld war wenig vorhanden, aber es war für sie eine wunderschöne Zeit.

Ist sie nicht eine schicke Badenixe, die Ursula Meinhardt aus Weilburg/Merenberg, die sich so flott angezogen in den 60er Jahren während eines Urlaubs am Ammersee ablichten ließ?

Foto oben links: 1967 ging man nicht zum Grillen, sondern zum „Abkochen“. Von links sind das Wolfgang Figge, Diethelm und Monika Schmidt auf dem Weg zum Langenaubacher „Grauborn“.

Foto oben rechts: Nur noch die Köpfe gucken aus dem Sand am Meer, in den sich Bernhard de Fries (links) und Peter Busch aus Ewersbach aus Jux eingegraben haben.

Foto oben: Sommer am Strand von Riccione in Italien. Siegfried Eidem (in der Mitte sitzend mit Strohhut) und Lothar Friedrich aus Braunfels (links außen ebenfalls mit Strohhut) waren dabei, als auf den Kameraauslöser gedrückt wurde. Alle anderen Personen sind aus England. So wurde bereits in 1962 Partnerschaft gepflegt.

Foto links: In den 60er Jahren wanderte ein Teil der Werdorfer Jugend am 1. Mai morgens durch den Wald nach Breitenbach. Nach einem Besuch des Bauernhofs von Anna Staaden ging es weiter in die Gastwirtschaft Leidecker in Breitenbach, die an diesem Tag fest in Werdorfer Hand war. Bei der herrschenden Hitze war es kein Wunder, dass sich die jungen Burschen im klaren Breitenbach die Füße kühlten.

Foto links: Große Aktivitäten von Kindern und Jugendlichen setzten sich Anfang der 60er Jahre in den Turnvereinen durch. Turnerische Angebote und Übungen an den Turngeräten Barren, Reck und Pferd waren eine Selbstverständlichkeit. Im Vordergrund standen auf einem Kinderturnfest die Wettkämpfe, die sich aus Pflichtübungen an den bekannten Turngeräten zusammensetzten. Erwähnenswert ist auch, dass zusätzliche Gruppenwettstreite angeboten wurden, wobei es bei Schauvorführungen auf synchronistische Präsentation ankam. Hier ist das Synchronturnen am Stufenbarren beim Kinderfest 1962 in Herbornseelbach im Bild festgehalten. Die Leitung hatte Kinderturnwart Gustav Gabriel.

Foto Seite 60 : „Was ein Häkchen werden will, krümmt sich beizeiten!“ Oskar Schüssler vom Turnverein Ewersbach gehörte in den 60er Jahren zu den besten Kunstturnern im Turngau Lahn-Dill. Einer seiner Rivalen war Alfred Brenner. Sein einjähriger Sohn Hartmut wird von Oskar Schüssler 1961 auf dem Turnfest in Niederscheld mit dem Hochreck vertraut gemacht. Zehn Jahre später konnte Hartmut in einem Schüler-Gerätewettkampf gegen Berlin-Weddig den Turngau Lahn-Dill vertreten.

Foto oben: Zum Gruppenwettstreit auf einem Kinderturnfest gehörte noch in den sechziger Jahren der Vortrag eines Turnerliedes, der hier von einer gemischten Mädchen- und Jungengruppe vom Turnverein 1897 Herbornseelbach erfolgt. Den „Dirigenten“ stellte die Gruppe selbst.

Während der warmen Jahreszeit wurden in den 60er Jahren vielerorts Turnfeste abgehalten, die auf den Sportplätzen der Gemeinden „über die Bühne“ gingen. Der Turner-Dreikampf bestand aus Übungen am Reck, Barren und Pferd, während der leichtathletische Dreikampf 100-Meter-Lauf, Weitsprung und Kugelstoßen beinhaltete. Es konnte praktisch jedermann teilnehmen.

Foto oben: Das ist die 1. Mannschaft der in den 60er Jahren für Fußball-Furore sorgenden Ulm-Vereinigung, die sich als Spielgemeinschaft aus Sportlern der Spielvereinigung Ulm-Allendorf und des TSV Bissenberg zusammensetzte. Hintere Reihe von links: Ewald Keller, Helmut Georg, Friedel Born, Friedhelm Müller, Hans Hörmann und Spielausschuss Gerhard Neu. Mitte von links: Rudi Streck, Erwin Kleemann und Herbert Pfeiffer. Vorne von links: Willi Till, Wilhelm Debus und Gerhard Born.

Foto rechts: Die Fußballelf aus Ewersbach erhält hier durch ihren Trainer Peter Kreck letzte Instruktionen vor einem Treffen.

Weitere Bücher aus dem Wartberg Verlag

Friedhelm Müller, Heinz Pfeiffer
Kindheit in Mittelhessen in den 50er Jahren
64 Seiten, geb., zahlreiche S/w-Fotos
(ISBN 3-86134-877-2)

Irene Jung
Wetzlar gestern und heute
48 Seiten, geb., zahlreiche S/w- und Farbfotos
(ISBN 3-86134-459-9)

Irene Jung
Wetzlar wie es früher war
Historische Fotografien
72 Seiten, geb., zahlreiche S/w-Fotos
(ISBN 3-86134-940-X)

Gabriele und Johannes Kögler
Katja Augustin
Leben im Wetteraukreis in alter Zeit
64 Seiten, geb., Großformat
zahlreiche S/w-Fotos
(ISBN 3-86134-860-8)

Karin Strichnothe
Marburg wie es früher war
Eine fotografische Zeitreise
72 Seiten, geb., S/w-Fotos
(ISBN 3-86134-447-5)

Georg Eurich
Kindheit in Hessen in den 50er Jahren
64 Seiten, geb., zahlreiche S/w-Fotos
(ISBN 3-86134-363-0)

Städte und Landschaften
Das Lahntal
80 Seiten, geb., zahlreiche Farbfotos
(ISBN 3-925277-91-1)

Irene Jung
Zeitreise durch Wetzlar
64 Seiten, geb., Großformat
zahlreiche Farbfotos
(ISBN 3-86134-270-7)

Ellen Fehr
Freizeitführer Mittelhessen
1000 Freizeittipps, Ausflugsziele,
Sehenswürdigkeiten und Veranstaltungen
(ISBN 3-86134-546-3)

Eugen Sauter
Landleben in den 50er Jahren
64 Seiten, geb., Großformat
Farbfotos
(ISBN 3-86134-316-9)

Klaus Meier-Uhde, Fred Kickhefel
Kindheit in der Stadt in den 50er Jahren
64 Seiten, geb., zahlreiche S/w-Fotos
(ISBN 3-86134-363-0)

Ruolf Knappe
Schlösser und Burgen in Nord- und Osthessen
Ausflüge in die Vergangenheit
88 Seiten, geb., Farbfotos
(ISBN 3-86134-237-5)

Wartberg Verlag GmbH & Co. KG
Im Wiesental 1 • 34281 Gudensberg-Gleichen
Tel.: 0 56 03/9 30 50 • Fax: 0 56 03/30 83 • www.wartberg-verlag.de